BEI GRIN MACHT SICH IHR WISSEN BEZAHLT

- Wir veröffentlichen Ihre Hausarbeit, Bachelor- und Masterarbeit

- Ihr eigenes eBook und Buch - weltweit in allen wichtigen Shops

- Verdienen Sie an jedem Verkauf

Jetzt bei www.GRIN.com hochladen und kostenlos publizieren

Thomas Morper

IP-basierter Transport von Daten aus Sensornetzwerken

GRIN Verlag

Bibliografische Information der Deutschen Nationalbibliothek:

Die Deutsche Bibliothek verzeichnet diese Publikation in der Deutschen Nationalbibliografie; detaillierte bibliografische Daten sind im Internet über http://dnb.d-nb.de/ abrufbar.

Dieses Werk sowie alle darin enthaltenen einzelnen Beiträge und Abbildungen sind urheberrechtlich geschützt. Jede Verwertung, die nicht ausdrücklich vom Urheberrechtsschutz zugelassen ist, bedarf der vorherigen Zustimmung des Verlages. Das gilt insbesondere für Vervielfältigungen, Bearbeitungen, Übersetzungen, Mikroverfilmungen, Auswertungen durch Datenbanken und für die Einspeicherung und Verarbeitung in elektronische Systeme. Alle Rechte, auch die des auszugsweisen Nachdrucks, der fotomechanischen Wiedergabe (einschließlich Mikrokopie) sowie der Auswertung durch Datenbanken oder ähnliche Einrichtungen, vorbehalten.

Impressum:

Copyright © 2006 GRIN Verlag GmbH
Druck und Bindung: Books on Demand GmbH, Norderstedt Germany
ISBN: 978-3-638-66645-9

Dieses Buch bei GRIN:

http://www.grin.com/de/e-book/59210/ip-basierter-transport-von-daten-aus-sensor-netzwerken

GRIN - Your knowledge has value

Der GRIN Verlag publiziert seit 1998 wissenschaftliche Arbeiten von Studenten, Hochschullehrern und anderen Akademikern als eBook und gedrucktes Buch. Die Verlagswebsite www.grin.com ist die ideale Plattform zur Veröffentlichung von Hausarbeiten, Abschlussarbeiten, wissenschaftlichen Aufsätzen, Dissertationen und Fachbüchern.

Besuchen Sie uns im Internet:

http://www.grin.com/

http://www.facebook.com/grincom

http://www.twitter.com/grin_com

Studienarbeit

IP-basierter Transport von Daten aus Sensornetzwerken

Thomas Morper

Telecooperation Office (TecO)
Institut für Telematik
Fakultät für Informatik
Universität Karlsruhe (TH)

Inhaltsverzeichnis

Inhaltsverzeichnis..2
1) Einführung...3
2) Entwurf des Gateway Systems.. 5
    2.1) Mögliche Wide-Area Übertragungstechniken..5
    2.2) Umsetzung der Datenformate.. 6
3) Analyse der Einsatzszenarien.. 8
    3.1) Standalone Einsatz mit WLAN-Zugriff..8
    3.2) Standalone Einsatz mit Zugriff per LAN... 8
    3.3) Standalone Einsatz im Netzwerk, Datensenke im gleichen Netz.................9
    3.4) Standalone Einsatz im Netzwerk, Datensenke in fremdem Netz................. 9
    3.5) Standalone Einsatz in unbekanntem Netzwerk..10
    3.6) Datenquelle in einem Mesh Netzwerk, Zugriff per WLAN....................... 10
    3.7) Datenquelle in einem Mesh Netzwerk, Zugriff aus fremdem Netzwerk..........11
    3.8) Zusammenfassung... 12
4) Implementierung... 13
    4.1) Auswahl der Hardware.. 13
    4.2) Betriebssystem... 13
    4.3) USBBridge... 13
    4.4) Tunnel.. 14
    4.5) Routing.. 15
    4.6) Tools.. 16
5) Evaluierung des IP-basierten Transportes... 17
    5.1) Aufbau des Tests..17
    5.2) Erzeugung des Traffics.. 17
    5.3) Zugriff per LAN.. 19
    5.4) Direkter WLAN-Zugriff.. 20
    5.5) Zugriff über Mesh-Netzwerk... 22
6) Anwendungen.. 24
    6.1) XBridge.. 24
    6.2) Büroüberwachung über Mesh-Netzwerk... 24
    6.3) Heimüberwachung.. 24
7) Zusammenfassung und Ausblick.. 26
Danksagung.. 27
Literaturverzeichnis..28
Anhang 29
A) Konfigurationen des Gateways...29
B) Tools für den Betrieb des Gateways...33

1) Einführung

In verteilten Sensornetzwerken, die beispielsweise mit den verschiedenen am TecO entwickelten Particles aufgebaut werden können, entstehen größere Mengen an Meßdaten. Diese müssen zwecks Verarbeitung und Archivierung zu leistungsfähigen Backend-Systemen transportiert werden, da die Verarbeitung und Speicherung der gewonnenen Daten auf den Sensorknoten aufgrund der sehr eingeschränkten Prozessorleistung und Speicherkapazität nur sehr eingeschränkt möglich ist.

Ein direkter Transport der Daten von den Sensorknoten bis hin zu den Backend-Systemen ist hierbei aufgrund der verschiedenen Netzwerksysteme auf dem Weg vom Sensorknoten zum Backendrechner nicht praktikabel. Die Daten müssen daher in der unmittelbaren Umgebung der ausgebreiteten Sensorknoten gesammelt und mit leistungsfähigeren Systemen zu den Backend-Systemen transportiert werden.

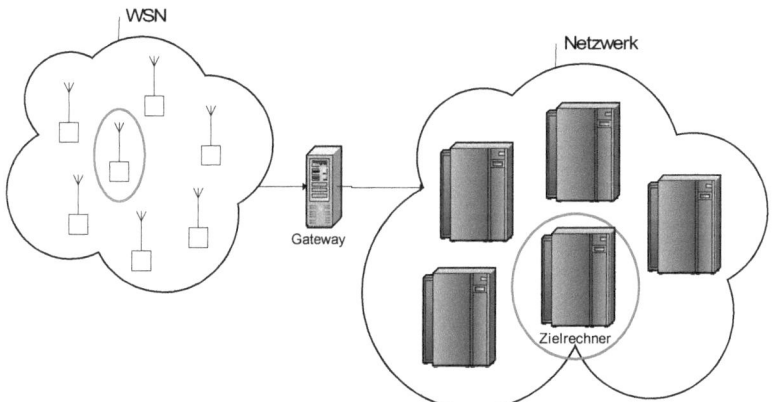

Abb. 1.1: Einordnung des Gateways in die vorhandene Infrastruktur

Abbildung 1.1 zeigt die Einordnung des neu zu entwerfenden Systems in die vorhandene Infrastruktur. Um die Daten eines bestimmten Sensorknotens zu einem Zielrechner weiterzuleiten werden diese Daten lokal in der nähe des Sensorknotens vom Gateway empfangen und über eine vorhandene Infrastruktur zum Zielrechner hin weitergeleitet.

Im Rahmen dieser Studienarbeit soll ein neues System entwickelt werden, mit dem das Einsammeln und Transportieren der durch die Sensorknoten gewonnenen Daten auch ohne bestehende Netzwerkinstallation möglich ist, falls vorhanden soll diese aber auch genutzt werden können. Das Hauptaugenmerk soll hierbei auf den verbreiteten Technologien LAN für die kabelgebundene Weiterleitung und WLAN / Wifi für die kabellose Weiterleitung liegen.

Um die Nutzung von WLAN und LAN zu ermöglichen und um die Daten über diese Systeme zu den Backendrechnern transportieren zu können, muss das neue System nicht nur eine physikalische Umsetzung der Daten vom Particle Funkverkehr auf LAN und WLAN ermöglichen, sondern auch die Datenpakete vom proprietären Particle Paketformat auf standardkonforme IP-basierte UDP- oder TCP-Pakete übersetzen können.

Ziel der Studienarbeit ist es, durch eine Kombination von verteilten Sensorknoten, die mit sehr kleiner Funkstärke kommunizieren, und einer Wide-Area Kommunikationstechnik einen weiträumigeren Transport der Sensordaten ohne Kabelbindung zu ermöglichen. Das Vorgehen wird dabei sein, zuerst die in Frage kommenden Wide-Area Übertragungstechniken zu sondieren und ein geeignetes System auszuwählen. Vor der eigentlichen Implementierung des Systems werden dann die gewünschten Einsatzszenarien diskutiert, welche Voraussetzungen während der Implementierung geschaffen werden müssen, um den Betrieb im jeweiligen Szenario zu ermöglichen. Nach einer anschließenden Evaluierung der Übertragungsleistung des Systems wird das neue Gateway abschließend in einigen Anwendungsfällen auch praktisch getestet.

2) Entwurf des Gateway Systems

2.1) Mögliche Wide-Area Übertragungstechniken

Auch wenn es in den letzten Jahren eine Vielzahl an neuen Technologien für die kabellose Datenübertragung gegeben hat, so kommt doch nur ein sehr kleiner Anteil dieser Techniken für das gewünschte Einsatzszenario in Frage. DECT (Digital Enhanced Cordless Telecommunications) war zwar allgemein für die kabellose Datenübertragung geschaffen und würde die für das Gateway benötigten Entfernungen überbrücken können, hat sich jedoch nur im Bereich von schnurlosen Telefonen durchsetzen können und findet im Bereich Computer keine Anwendung.

Weniger geeignet für den gewünschten Einsatz ist die Datenübertragung über eine auf Infrarot basierenden Kommunikationstechnik. Zwar gibt es hier mit IrDA einen anerkannten und verbreiteten Standard, für den heute quasi jeder PC die benötigte Schnittstelle „on Board" hat, doch die technischen Daten sind für den gewünschten Einsatz nicht ausreichend. Die Reichweite wird lt. Spezifikation mit maximal 100cm angegeben, der Abstrahlwinkel mit lediglich 30° [04].

Ein deutlich besser geeignetes System stellt Bluetooth dar. Dies zeigt sich nicht zuletzt an der Tatsache, dass Bluetooth von der ETH Zürich für ein ähnliches Szenario wie das in dieser Studienarbeit angestrebte verwendet wird. Bei ihrem BTnode Projekt [01] hat die ETH Zürich eine derartige Kombination aus low- und high-Power Funksystem realisiert, in dem ein Chipcon CC1000 Baustein auf einer Platine kombiniert mit einem Bluetooth System aus dem Hause Zeevo. Problematisch beim Einsatz von Bluetooth ist jedoch die Tatsache, dass die Daten mehrmals umgesetzt werden müssen, bis diese an den Backendrechnern verarbeitet werden können: Zuerst vom Sensorfunk Protokoll in Bluetooth und später nochmals von Bluetooth auf IP.

Weitaus besser fällt die Bestandsaufnahme bei WLAN aus. Das System kann mit Rundstrahlantennen, einer Reichweite von bis zu 300 Metern (mit Richtantennen sogar noch deutlich mehr) und Datenraten von 11 Mbit/s und mehr nicht nur auf der technischen Seite überzeugen. Durch die inzwischen extrem hohe Verbreitung von WLAN Hardware und der damit einhergehenden Vielzahl verschiedener Geräte lassen sich gleich von mehreren Herstellern passende WLAN-Router finden, die alle hardwareseitigen Voraussetzungen mitbringen um das gewünschte Gateway ohne Hardwareneuentwicklung entwerfen zu können. Die große Vielzahl an WLAN-Routern auf dem Markt bringt auch eine gewisse Zukunftssicherheit des neuen Gateways mit sich. Die WLAN-Technologie ist inzwischen etablierte und weit verbreitet, die Verfügbarkeit der entsprechenden Hardware somit sehr gut.

Interessant ist WLAN auch, da es auf dieser Technik basierend mehrere Projekte gibt, in denen Netzwerke aus WLAN-Routern erstellt wurden. Im Linyphi Projekt an der Universität Karlsruhe wurde beispielsweise ein IPv6 peer-to-peer Netzwerk realisiert, das auf WLAN-Routern läuft.

Als WLAN-Technik wird daher WLAN ausgewählt. Ein WLAN-Router wird die Basis des neuen Gateways bilden und sowohl eine LAN- als auch eine WLAN-Schnittstelle zur Kommunikation zur Verfügung stellen.

2.2) Umsetzung der Datenformate

Durch die Auswahl eines WLAN-Routers als Basis für das Gateway ergibt sich der in Abbildung 2.1 skizzierte Entwurf für die Kommunikation des Gateways. Wichtig ist hierbei, dass die Datenpakete aus dem dem Sensornetz auf dem Gateway in LAN und WLAN gerechte IP-basierte Pakete umgesetzt werden müssen. Eine weitere Betrachtung, ob hierbei UDP oder TCP zum Einsatz kommen soll, wird später erfolgen.

Abb. 2.1: Entwurf der Kommunikation des Gateways

Daraus ergeben sich gleich mehrere Anforderungen an das Gateway. Auf der einen Seite muss das Gateway in der Lage sein, mit den Sensorknoten auf Basis deren proprietären Protokollen zu kommunizieren, wofür die entsprechende Schnittstelle und eine Implementierung des WSN-Protokolls notwendig sind, auf der anderen Seite muss die IP-basierte Kommunikation mit den Backend-Systemen möglich sein, wofür ebenfalls sowohl die Schnittstelle als auch eine Implementierung des Protokolls benötigt werden. Dazu muss das Gateway die Pakete in beide Kommunikationsrichtungen umsetzen können.

Während die WLAN- und LAN-Schnittstellen sowie die Implementierung sowohl des Internet Protocols (IP) als auch der darauf basierenden Protokolle TCP und UDP auf einem WLAN-Router bereits vorhanden sind, muss die Schnittstelle zur Kommunikation mit dem Sensornetzwerk sowie das dazugehörige Protokoll im Rahmen der Studienarbeit hinzugefügt werden. Ebenso muss die Umsetzung der WSN-Pakete auf TCP- bzw. UDP-Pakete auf dem neuen Gateway implementiert werden.

Eine Gegenüberstellung typischer WSN-Protokolle mit den auf IP basierenden Technologien zeigt dabei die deutlichen Unterschiede auf, sowohl in Hinblick auf das Paketformat, als auch in Hinblick auf die Art und Weise der Paketweiterleitung und der Adressierung einzelner Endgeräte.

Große Differenzen gibt es bereits beim Aufbau der Pakete. Während bei WSN-Paketen üblicherweise aus Effizienzgründen nur kleine Paketheader vorhanden sind und diese zum Teil von mehreren Schichten des Übertragungsprotokolls gemeinsam genutzt werden, erzeugt bei IP-Paketen jede einzelne Schicht des IP-Referenzmodells [05] ihre eigenen Header, auf den nur die jeweilige Schicht Zugriff hat. Diese von den Schichten des IP-Protokolls erzeugten Header sind dabei größer als die Header der Sensorpakete. Es entsteht somit ein relativ großer Overhead an Verwaltungsdaten. Gleiches gilt für die Kontrolle der Übertragungsfehler: Während bei der IP-basierten Übertragung jede Schicht einen eigenen CRC berechnet und überträgt genügt bei den verbreiteten WSN-Protokollen ein einziger CRC für alle Schichten.

Ähnlich groß sind die Differenzen, wenn es um die Größe der Pakete geht. Bei IP-Paketen ist deren maximale Größe lediglich durch das zu Grunde liegende Übertragungsmedium beschränkt (bei der Übertragung über Ethernet beispielsweise auf 1500 Byte), Mechanismen zur Fragmentierung von größeren Datenblöcken sind jedoch standardmäßig vorgesehen. Die Datenpakete in Sensornetzwerken dagegen sind deutlich kleiner. Das populäre Sensorknoten-Betriebssystem TinyOS [09] verwendet beispielsweise standardmäßig Paketlängen von 35 Byte (davon 29 Byte für Nutzdaten), eine Fragmentierung zur Übertragung größerer Datenblöcke muß auf Anwendungsebene realisiert werden, da dies vom Übertragungsprotokoll her nicht vorgesehen ist.

Doch nicht nur beim Paketaufbau, auch bei der Organisation des Pakettransportes gibt es Unterschiede. Ist bei IP-Netzwerken eine eindeutige Adressierung eines Endgerätes möglich, so haben Sensorknoten meist keine ID, anhand derer Datenpakete eindeutig an sie adressierbar wären. Nimmt man die schon erwähnten Pakete von TinyOS als Beispiel heran, wird auch schnell klar warum darauf verzichtet wird: Bei angenommenen 4 Byte für die Adressierung (IPv4) würde der 6 Byte große Header fast verdoppelt, zu lasten der kleinen Payloads. Anstatt adressierte Pakete zu versenden werden die Pakete in WSNs daher per Broadcast versendet, was zwar einerseits zu einer einfacheren Organisation führt, andererseits aber eine deutlich höhere Belastung der Infrastruktur mit sich bringt, da die Pakete grundsätzlich immer per Broadcast versendet werden.

Ebenfalls unterschieden wird bei der Verbindungsart zwischen den an der Übertragung beteiligten Komponenten. Mit Hilfe des TCP-Protokolls lassen sich in IP-Netzwerken gesicherte Verbindungen aufbauen, mit deren Hilfe sich für die Anwendungsschicht sichtbare Paketverluste bei der Übertragung ausschließen lassen. Da hierzu jedoch eine eindeutige Adressierung der beteiligten Geräte nötig ist, lässt sich eine derart gesicherte Übertragung in Sensornetzwerken nur auf Anwendungsebene realisieren.

Weitere Differenzen sind bei der Adressvergabe sowie dem Aufbau der Netzwerke zu finden. In IP-basierten Netzwerken gibt es mit DHCP (Dynamic Host Configuration Protocol, ein Dienst zur automatischen Vergabe von IP-Adressen an Endgeräte) einen Standard für die automatische Adressvergabe für die Endgeräte. In den Sensornetzwerken gibt es keinen vergleichbaren Standard. Während die Sensornetze meist aus identischen Komponenten bestehen sind IP-basierte Netze aus heterogenen Komponenten aufgebaut. Ein IP-Netzwerk besteht aus verschiedenartiger Komponenten wie z. B. Routern, Arbeitsstationen oder auch Servern verschiedener Hersteller.

WSN	IP-Netzwerke
Kleine Paketlängen, z. B. 35 Byte bei TinyOS.	Deutlich größere Paketlängen möglich (Ethernet: 1500 Byte), zusätzlich Fragmentierung
Gemeinsam genutzte, schlanke Header	Jede Schicht mit eigenem, relativ großem Header
Ein CRC für alle Schichten	Ein CRC pro Protokollschicht
Keine sichere Adressierung	Eindeutige Adressierung eines Endgerätes möglich und vorrangig verwendet
Verbindungslose Übertragung	Wahlweise verbindungslose Übertragung (UDP) oder verbindungsorientiere (sichere) Übertragung (TCP)
Kein Standard für die Adressvergabe	DHCP
Homogenes Netz, gleiche Komponenten	Heterogenes Netzwerk aus verschiedensten Komponenten

Tabelle 2.1: Zusammenfassung einiger Merkmale von WSN- und IP-basierter Kommunikation

3) Analyse der Einsatzszenarien

Das im Rahmen der Studienarbeit zu entwickelnde Gateway soll sich durch ein möglichst breites Spektrum von Anwendungsmöglichkeiten auszeichnen. Um dies sicherzustellen, wurden verschiedene Szenarien erstellt, deren Anforderungen bei der Implementierung beachtet werden sollen und an denen das Gateway nach der Fertigstellung getestet werden soll.

3.1) Szenario 1: Standalone Einsatz mit WLAN-Zugriff

Im ersten, in Abbildung 3.1 skizzierten, Szenario fungiert das Gateway als einfache Datenquelle, auf das von einem Notebook, einem PDA oder einer anderen Datensenke aus per WLAN zugegriffen wird. Das Szenario ermöglicht es gerade bei der Installation eines Sensornetzes, über den direkten Zugriff auf die Bridge direkt vor Ort die Funktionalität des Systems zu prüfen.

Zu beachten ist bei diesem Szenario, dass die gesamte Konfiguration des Gateways manuell geschehen muß, sowohl die IP- als auch die WLAN-Konfiguration müssen vor dem in Betrieb nehmen von Hand vorgenommen werden.

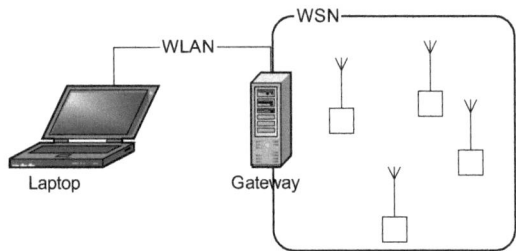

Abb. 3.1: Direkter Zugriff per Laptop über WLAN

3.2) Szenario 2: Standalone Einsatz mit Zugriff per LAN

Das zweite Szenario ist dem ersten sehr ähnlich. Der Unterschied im Aufbau besteht in der Art und Weise des Zugriffs auf das Gateway, der in diesem Szenario, im Gegensatz zum drahtlosen Zugang in Szenario 1, über eine kabelgebundene Netzwerkverbindung geschieht. Abbildung 3.2 zeigt den skizzierten Aufbau von Szenario 2.

Wie in Szenario 1 muß auch hier die IP-Konfiguration manuell vorgenommen werden.

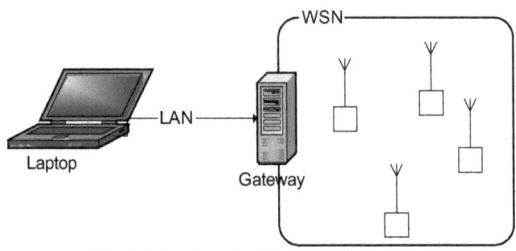

Abb. 3.2: Direkter Zugriff per Laptop über LAN

3.3) Szenario 3: Standalone Einsatz im Netzwerk, Datensenke im gleichen Netz

Dem in Abbildung 3.3 dargestellten Einsatz des Gateways in einem Netzwerk wird später eine relativ große Bedeutung zukommen. Die Verbindung vom Gateway als Datenquelle zur Datensenke wird dabei im Gegensatz zu den ersten beiden Szenarien nicht direkt hergestellt, sondern erfolgt indirekt über eine vorhandene Netzwerkinstallation, an die sowohl die Datenquelle- als auch Datensenke angeschlossen werden.

Zur Konfiguration muß das Gateway in Szenario 3 lediglich seine IP-Konfiguration über einen DHCP-Server beziehen.

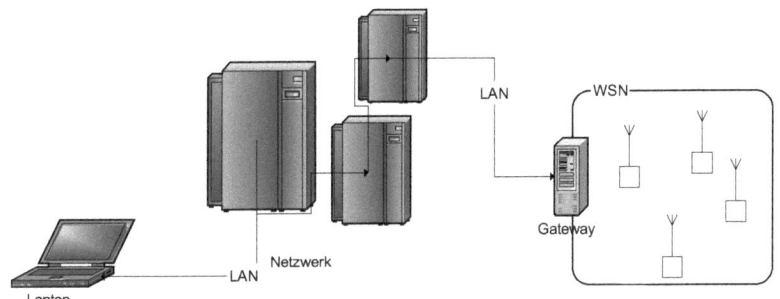

Abb. 3.3: Indirekter Zugriff auf das Gateway über eine vorhandene Netzwerkinstallation

3.4) Szenario 4: Standalone Einsatz im Netzwerk, Datensenke in fremdem Netz

Aufbauend auf das vorhergehende Szenario soll es mit dem neu entworfenen Gateway nicht nur möglich sein, aus dem gleichen Netzwerk heraus auf die Datenquelle zuzugreifen. Es soll ferner möglich sein, die Daten an einer Senke in einem zweiten Netzwerk empfangen zu können. Dies soll beispielsweise ermöglichen, vom Büro aus oder aus dem Urlaub die private Wohnung zu überwachen oder aus der Firmenzentrale den Status verschiedener Produktions- und Lagerstätten zentral zu überwachen.

Das Problem, welches dabei auftritt, ist, dass die Daten nun nicht nur innerhalb eines Netzwerkes weitergeleitet werden müssen, sondern dass diese auch zwischen den beiden Beteiligten Netzen ausgetauscht werden müssen. Mit den in den ersten drei Szenarien verwendeten UDP-Paketen ist dies jedoch nicht möglich. Stattdessen müssen die Datenpakete in TCP-Pakete umgesetzt werden, die dann auch über Netzwerkgrenzen hinweg gezielt an einen bestimmten Rechner adressiert gesendet werden können. Um dies zu realisieren,

Während die IP-Konfiguration des Gateways in Szenario 4 wieder automatisch per DHCP geschehen wird, muss außerdem ein sogenanntes Tunnel Programm zum Einsatz kommen, welches die beschriebene Umsetzung zwischen UDP und TCP realisieren wird. Abbildung 3.4 zeigt den Aufbau einer solchen Netzwerkkonfiguration.

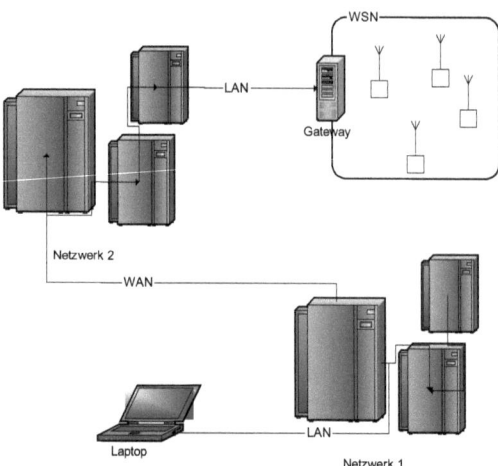

Abb. 3.4: Indirekter Zugriff auf die Bridge über ein Netzwerk, wobei der Zugriff aus einem zweiten Netzwerk heraus erfolgt.

3.5) Szenario 5: Standalone Einsatz in unbekanntem Netzwerk

Szenario 5 basiert auf den beiden zuletzt vorgestellten Szenarien, stellt jedoch andere Anforderungen an die Infrastruktur des Netzwerkes, in dem das Gateway aufgestellt wird. Während wird für die vorherigen beiden Szenarien davon ausgehen, dass das Gateway die Konfiguration für das Netzwerkinterface automatisch von einem im Netzwerk vorhandenen DHCP Server erhält, soll Szenario 5 sicherstellen, dass ein Betrieb des Gateways auch dann möglich ist, wenn das Gateway für den Betrieb im gegebenen Netzwerk manuell konfiguriert werden muß.

3.6) Szenario 6: Datenquelle in einem Mesh Netzwerk, Zugriff per WLAN

Um unabhängig von der installierten Netzwerkinfrastruktur zu werden, soll der das neue Gateway die Weiterleitung der Sensordaten per WLAN auch über größere Distanzen ermöglichen. Dadurch soll es beispielsweise ermöglicht werden, ein komplettes Firmengelände mit einem Mesh-Netzwerk abzudecken und aus den jeweiligen Abteilungen Zugriff zu den Sensordaten der benötigten Sensoren auf dem kompletten Firmengelände zu haben, ohne dabei auf kabelgebundene Infrastruktur zurückgreifen zu müssen, wie dies zum Beispiel bei einem mobilen Einsatz nötig wäre.

Um die Bildung eines solchen Mesh-Netzwerkes zu ermöglichen, muss die Möglichkeit geschaffen werden, die Datenpakete per WLAN über mehrere Hops hinweg weiterzuleiten. Dazu ist es nötig, ein entsprechendes Routingprotokoll sowohl auf dem Gateway als auch auf allen beteiligten Routern zu starten, welches dann für die zielgerichtete Weiterleitung der Daten zur Senke sorgt. Des weiteren müssen die beteiligten Router bzw. Gateways manuell konfiguriert werden und der bei Szenario 4 skizzierte Tunnel muß wieder zum Einsatz kommen. Abbildung 3.5 zeigt den Aufbau eines solchen Netzwerkes.

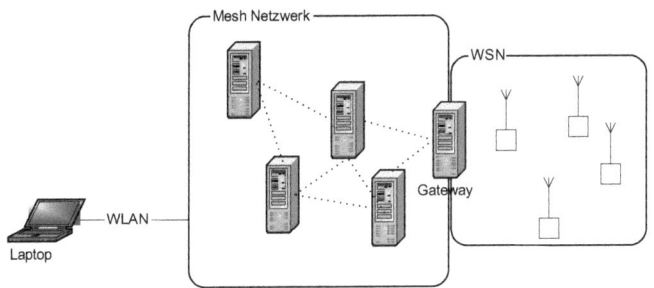

Abb. 3.5: Zugriff auf das Gateway per WLAN über ein Mesh-Netzwerk ohne direkte Verbindung zur Bridge

3.7) Szenario 7: Datenquelle in einem Mesh Netzwerk, Zugriff aus fremdem Netzwerk

Als letztes mögliches Szenario soll, aufbauend auf den Szenarien 4 und 6, der Zugriff auf ein Gateway in einem Mesh-Netzwerk auch dann möglich sein, wenn sich die Datensenke in einem Netzwerk befindet, welches nicht direkt mit diesem Mesh-Netzwerk verbunden ist. Abbildung 3.6 zeigt den Aufbau eines solchen Szenarios.

Die Anforderungen an das Gateway sind in Szenario 7 praktisch die gleichen wie in Szenario 6. Jedoch ist es hier zusätzlich nötig, bei der IP-Konfiguration der Router jenen Router als default Gateway einzutragen, über den die Verbindung zwischen den Netzwerken realisiert wird.

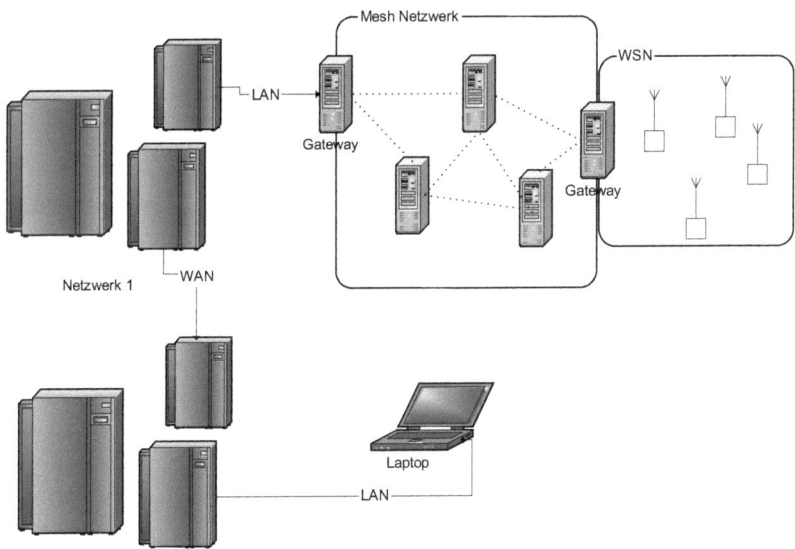

Abb. 3.6: Zugriff auf ein Mesh-Netz aus einem fremden Netzwerk heraus.

3.8) Zusammenfassung

Aus den in 3.1 bis 3.7 vorgestellten 7 Szenarien ergeben sich die in Tabelle 3.1 zusammengefassten Anforderungen an die Implementierung des Gateway-Systems.

Szenario	Datenquelle	Datensenke	Anforderungen an Gateway
1	Standalone	WLAN, direkter Zugriff	Manuelle IP-Konfiguration Manuelle WLAN-Konfiguration
2	Standalone	LAN, direkter Zugriff	Manuelle IP-Konfiguration
3	Standalone im Netzwerk mit DHCP	Rechner im gleichen Netzwerk	Automatische Konfiguration über DHCP
4	Standalone im Netzwerk mit DHCP	Rechner in fremdem Netzwerk	Automatische Konfiguration über DHCP Tunnel zur Weiterleitung der Datenpakete
5	Standalone in unbekanntem Netz	Rechner im fremden Netzwerk	Manuelle IP-Konfiguration Tunnel zur Weiterleitung der Datenpakete
6	Mesh Netzwerk	WLAN, Teil des Mesh-Netzes	Manuelle IP-Konfiguration Routing der Datenpakete Tunnel zur Weiterleitung der Datenpakete
7	Mesh Netzwerk mit Anschluß an fremdes Netzwerk	Rechner in fremdem Netzwerk	Manuelle IP-Konfiguration Routing der Datenpakete Tunnel zur Weiterleitung der Datenpakete

Tabelle 3.1: Anforderungen an die Implementierung

Eine detailliertere Übersicht der Konfigurationsschritte in den einzelnen Szenarien ist in Anhang A zu finden.

4) Implementierung

Nachdem in den vorangegangenen beiden Kapiteln die Grundzüge des neuen Gateways festgelegt und eine Liste mit Anforderungen an das System erstellt wurden, geht es nun an die eigentliche Auswahl der verwendeten Hardware sowie die Implementierung des Gateways.

4.1) Auswahl der Hardware

Als Resultat der in Kapitel 2.1 angestellten Betrachtungen resultiert, dass ein WLAN-Router die Basis des neuen Gateways bilden soll. An Hardware wird zusätzlich die Schnittstelle zum Sensornetz, in unserem Fall den am TecO entworfenen Particles, benötigt. An Möglichkeiten würde sich dazu die Kombination eines Routers mit einer XBridge oder die Kombination eines Routers mit einer USBBridge anbieten.

Die XBridge ist ein direkt an das LAN angeschlossenes Gateway, welches die Pakete aus dem Particle Funkverkehr direkt in UDP-Pakete umsetzt und ins LAN aussendet. Die USBBridge bietet eine vergleichbare Funktionalität, wird jedoch nicht direkt ans LAN angeschlossenen sondern an den USB-Anschluß eines PC. Zum Betrieb benötigt die USBBridge außerdem eine laufende Treibersoftware auf dem PC.

Die Kombination mit einer USBBridge stellt hierbei die interessantere Lösung dar: Die XBridge würde eine zusätzliche Stromversorgung benötigen, ist deutlich größer und deutlich teurer [06]. Dazu kommt, dass die Konfiguration der USBBridge einfacher vorzunehmen ist und die reibungslose Kommunikation zwischen XBridge und Router bei den verschiedenen Szenarien sichergestellt werden müsste, was insbesondere bei den verschiedenen IP-Konfigurationen des Routers zu Problemen führen könnte.

Somit ist klar, dass der für das Gateway verwendete Router über mindestens einen USB Anschluß verfügen muß. Des Weiteren muss es der Router ermöglichen, eigene Software darauf zu entwickeln und laufen zu lassen. Die Wahl fiel daher auf einen Asus WL-500g (Deluxe), der über externe und interne USB Anschlüsse verfügt, und der dank seines Mipsel-Prozessors mit mehreren frei verfügbaren Linux-Distributionen betrieben werden kann.

4.2) Betriebssystem

Um die benötigte Funktionalität umsetzten zu können, müssen auf dem Router im Rahmen der Studienarbeit entwickelte Programme gestartet werden können. Da dies mit der originalen Firmware von Asus nicht möglich ist, musste die Firmware durch eine der im Internet verfügbaren freien Firmware Implementierungen ersetzt werden. Die Wahl fiel hierbei auf die auf dem Linux Kernel 2.4 basierende Distribution OpenWRT [02], die sich gegenüber anderen Distributionen wie Oleg [03] vor allem durch die Verfügbarkeit des passenden Cross-Compilers auszeichnet, was eine unkomplizierte Übersetzung der am PC für Linux entworfenen Software für den Router ermöglicht.

4.3) USBBridge

Zum Betrieb der USBBridge ist eine Treibersoftware notwendig. Diese übernimmt sowohl die Kommunikation zwischen dem Router und der USBBridge als auch die Umsetzung der proprietären Particle Pakete auf IP-basierte UDP-Pakete. Die vorhandene Treibersoftware, die bislang nur unter Windows lief, musste dazu in mehreren Punkten angepasst werden.

Da die unter Windows für den Zugriff auf den USB-Baustein der USBBridge verwendete

Programmbibliothek von FTDI für Linux nicht als Open Source zur Verfügung gestellt wird, war es nicht möglich, diese als Basis für die OpenWRT Version der Treibersoftware zu verwenden. Stattdessen musste die Software so umgeschrieben werden, dass diese die quelloffenen Bibliotheken libftdi und libusb verwendet.

Daneben musste für die Treibersoftware ein geeignetes User Interface geschaffen werden. Beim Betrieb unter Windows wurde dazu bisher eine grafische Java Oberfläche geladen, was auf dem Router mangels passender grafischer Ausgabe unmöglich ist. Stattdessen wurde ein kleiner Webserver in die Treibersoftware der USBBridge integriert, so dass es möglich ist, die USBBridge über einen Webbrowser zu konfigurieren.

Abbildung 4.1 zeigt den internen Aufbau des Gateways. Basierend auf OpenWRT führt die Treibersoftware die notwendige Kommunikation mit der USBBridge durch, über die die Particle Daten empfangen. Über das in OpenWRT integrierte Netzwerkinterface werden dies Daten weiter auf dem LAN- oder WLAN-Port gesendet.

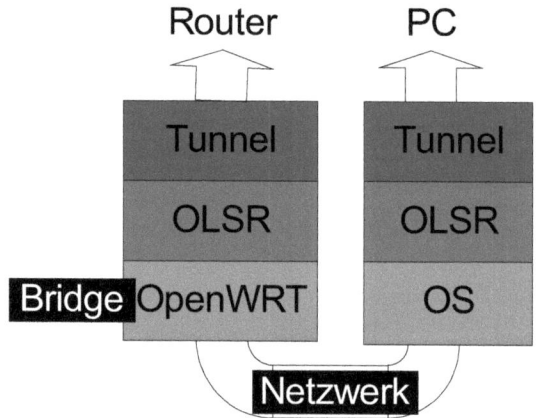

Abb. 4.1: Interner Aufbau des Gateways

4.4) Tunnel

Aus den in Kapitel 3 aufgestellten Anforderungen ergibt sich die Notwendigkeit, in einigen Szenarien einen Tunnel einzurichten, über den die Datenpakete zum Zielsystem transportiert werden können. Zurückgegriffen wurde dabei auf den im Rahmen der libp article verfügbaren Tunnel, der für die Anwendung im Rahmen der Studienarbeit jedoch stark überarbeitet wurde.

Ziel des Tunnels ist es, die als UDP-Pakete versendeten Particle Pakete aufzunehmen, über eine gesicherte TCP-Verbindung zum Zielsystem zu transportieren und dort wieder als UDP-Paket an die dort laufenden Anwendungen zu senden. Notwendig sind dazu mehrere Schritte. Als erstes muss eine TCP-Verbindung zwischen den beiden Endpunkten des Tunnels aufgebaut werden. Danach muss das Tunnel-Programm auf der Seite der Datenquelle auf einem UDP-Port die Datenpakete empfangen. Da die einzelnen Datenpakete später wieder aus dem TCP-Strom extrahiert werden müssen, ist es notwendig, Paketanfang und -ende zu markieren. Die hierzu verwendeten Zeichen müssen danach im eigentlichen Paket ersetzt werden. Sobald diese geschehen ist, kann das Paket per TCP an die Datensenke verschickt werden, wo das Paket aus dem Datenstrom extrahiert wird und die Ersetzungen rückgängig gemacht werden. Anschließend wird das Paket wieder per UDP weiter versendet. Abbildung 4.2 zeigt den Ablauf des Datentransportes über einem solchen Tunnel.

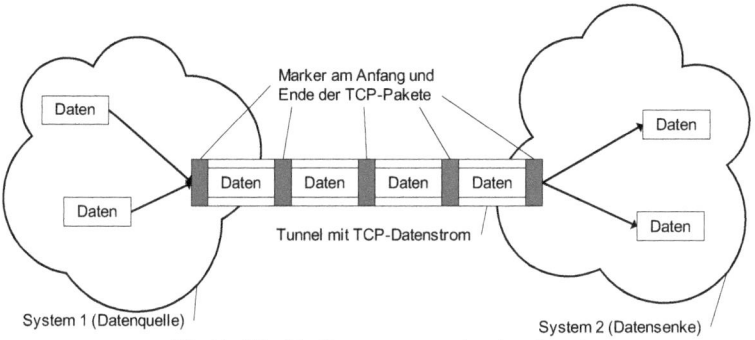

Abb. 4.2: Ablauf des Datentransportes über einen Tunnel

4.5) Routing

Für die beiden Szenarien 6 und 7, in denen ein Mesh-Netzwerk gebildet werden soll, ist es notwendig, dass die Daten innerhalb dieses Mesh-Netzes weitergeleitet werden können. Diese Aufgabe übernimmt ein Routing-Protokoll. Hierfür existieren mehrere verschiedene Routing-Protokolle, die sich in zwei Klassen einteilen lassen: Die reaktiven Routingprotokolle sowie die pro-aktiven Routingprotokolle. Aus beiden Klassen soll hier je ein Vertreter kurz vorgestellt werden:

Reaktives Routing: Dynamic Source Routing (DSR)

DSR zählt zu den reaktiven Routingverfahren, bei denen Routen erst dann gesucht werden, wenn diese auch wirklich für den Transport eines Paketes benötigt werden [07]. Stattdessen wird eine Route erst dann, wenn sie benötigt wird, über einen" Route Request" angefordert. Dazu wird vom anfordernden Gerät ein Broadcast-Paket ausgesendet, das bis zum Gerät, für das eine Route angefordert wurde, weitergeleitet wird. Dabei wird im Header des weitergeleiteten Paketes jeder Hop, über den das Paket weitergeleitet wird, gespeichert. Sobald das Paket beim Zielsystem angekommen ist, wird ein Paket auf dem entgegengesetzten Pfad an das anfragende System zurückgesendet. [07]

Ein großer Vorteil von DSR liegt darin, dass in Ruheperioden des Systems kein Overhead erzeugt wird, der durch kontinuierliche Pakete zur Routenüberwachung, wie dies bei aktiven Protokollen nötig ist, entsteht. Weiterhin müssen die weiterleitenden Systeme kein eigenes Wissen über die benötigten Routen gespeichert haben, da sämtliche Routeninformationen im Paketheader gespeichert sind. Dies führt jedoch andererseits dazu, dass die Pakete durch die darin gespeicherten Routeninformationen deutlich anwachsen. Bei geringen Systemlasten ist außerdem mit erhöhten Routenverzögerungen zu rechnen. Ein weiteres Problem, an dem aktuell noch geforscht wird, ist die Tatsache, dass nicht mehr aktuelle Routeninformationen schlecht bis gar nicht erkannt werden können. Aus diesem Grund sind derzeitige DSR-Implementierungen meist so programmiert, dass Routen nach einer gewissen Zeit automatisch verworfen werden. [07]

Pro-aktives Routing: Optimized Link State Routing (OLSR)

Zu den Vertretern der pro-aktiven Routingprotokolle zählt OLSR. Bei einem pro-aktiven Routingverfahren ist allen Routern die vollständige Netztopologie bekannt. Dadurch kann ein Router in jedem Dann den kürzesten Weg zum Ziel festlegen. Dazu sendet jeder Router in regelmäßigen Abständen Kontrollpakete ab, auf die alle angeschlossenen Routern mit den ihnen vorliegenden Routeninformationen antworten. Auf diese Weise erhält jeder Router Informationen über alle möglichen Routen in seinem Netz. Gleichzeitig sorgt das regelmäßige senden der Kontrollnachrichten für eine regelmäßige Aktualisierung der Routingtabelle. Aus dem Netz entfernte Geräte fallen durch die fehlenden Antwortpakete schnell auf und können zeitnah aus der Routingtabelle entfernt werden. Qualitativ schlechte Verbindungen können anhand der relativ hohen Verlustquote von Kontrollnachrichten erkannt und über qualitativ bessere Routen umgangen werden.

Im Bereich drahtloser Adhoc-Netzwerke wird von führenden Gruppen wie der Berliner Organisation freifunk.net OLSR verwendet und hat sich so als weit verbreitetes Protokoll etabliert. Insbesondere das vorhandene Wissen über das komplette Netzwerk und die sich dadurch ergebenden Möglichkeiten, die qualitativ besten Routen wählen zu können sowie die regelmäßige Aktualisierung der Routingtabellen haben sich hier als deutlicher Vorteil erwiesen. Aus diesem Grund wird OLSR auch auf dem neuen Gateway zum Einsatz kommen.

4.6) Tools

Im Rahmen dieser Studienarbeit wurden mehrere kleine Tools entworfen, die die tägliche Arbeit wie das konfigurieren des Gateways für verschiedene Einsatzzwecke oder das auffinden von Routern im Netzwerk vereinfachen. Näheres zu diesen Tools ist in Anhang B zu finden.

5) Evaluierung des IP-basierten Transportes

5.1) Aufbau des Tests

Nachdem das neue Gateway auf Basis eines WLAN-Routers implementiert wurde, soll das System nun auch noch getestet werden. Ein besonderes Augenmerk soll dabei auf die Zuverlässigkeit des Systems in Bezug auf die Anzahl der Paketverluste gelegt werden. Die Fehlerrate wird dazu definiert als die Anzahl der verlorenen Pakete im Verhältnis zu den ausgesendeten Paketen.

$$Fehlerrate = \frac{\text{Anzahl verlorene Pakete}}{\text{Anzahl gesendete Pakete}} * 100 \quad [\%]$$

Definition 5.1: Fehlerrate

Während bei den kabelgebundenen Szenarien keine besonderer hohen Fehlerraten zu erwarten sind, ist insbesondere die Zuverlässigkeit des Systems bei Zugriff über WLAN interessant, sowohl was den direkten Zugriff angeht als auch den Zugriff über ein Mesh Netzwerk.

Für die Tests wurden daher sowohl Szenarien aufgebaut, in denen die Fehlerrate bei direktem Zugriff auf das Gateway gemessen wurde, als auch solche, bei denen die Fehlerrate bei der Weiterleitung der Daten über ein Mesh Netzwerk gemessen werden konnte. Zusätzlich wurde die Zuverlässigkeit des Systems im kabelgebundenen Betrieb betrachtet um auch hierüber gesicherte Aussagen treffen zu können.

Neben den Routern wurde für den Test ein 800 MHz Rechner mit 100MBit Netzwerkanschluß und einem Windows 2000 Betriebssystem als Empfänger für die Datenpakete eingesetzt.

5.2) Erzeugung des Traffics

Für die Messung der Fehlerrate wurden vier verschiedene Generatoren zur Erzeugung von Paketaufkommen herangezogen:
- Maximal mögliches Paketaufkommen
- Maximal mögliches Paketaufkommen beim Einsatz von Particles
- Senden von Datenbursts
- Simulation von tatsächlich gemessenen Paketaufkommen

Um die Zuverlässigkeit beim maximal möglichen Paketaufkommen zu messen, werden auf dem Router pausenlos Datenpakete abgesendet. Sollte hierbei eine Fehlerrate von 0% gemessen werden sind auch bei den anderen beiden Generatoren keine Probleme zu erwarten, da diese geringere Anforderungen an das System stellen.

Da die Particles in einem synchronisierten Protokoll arbeiten und maximal alle 13ms Pakete senden oder empfangen können, ist dies auch die absolut maximal mögliche Datenrate, die das Gateway in seinem neuen Einsatzgebiet bewältigen können muß. Der zweite Traffic Generator hat aus diesem Grund eine Serie von Paketen im gleichbleibenden Abstand von je 13ms versendet.

Ein weiteres für die Praxis relevantes Traffic-Muster sind sogenannte Bursts. Dabei wechseln sich Phasen, in denen pausenlos Pakete gesendet werden mit Phasen ohne versendete

Pakete ab.

Als abschließender Test sollte eine Simulation zum Einsatz kommen, die aufgrund realistischer Paketraten die Fehlerrate des Systems im täglichen Einsatz bestimmt. Dazu wurde, basierend auf Daten aus der Particle Datenbank des TecO, eine Simulation aufgesetzt, die den tatsächlich an einem Tag protokollierten Paketverkehr simuliert. Zu diesem Zweck wurde aus der Particle Datenbank des TecOs ein Tag mit sehr hohem Paketaufkommen ausgewählt und für eine Simulation aufbereitet. Anzumerken ist an dieser Stelle, dass die Einträge in der Datenbank nicht nach Bridges aufgeteilt sind, sondern die Schnittmenge der von allen im TecO aufgestellten Bridges darstellen.

Ausgewählt wurde für diese Simulation der 23.3.2006, an dem das Paketaufkommen deutlich über dem Durchschnitt der 2 Monate davor lag. Das gesamte Paketaufkommen dieses Tages wurde in 144 Blöcke zu je 10 Minuten aufgeteilt, innerhalb dieser Blöcke jeweils gezählt und in 100er Schritten aufgerundet. Dieses Vorgehen ergab 19 Klassen mit Paketaufkommen zwischen 300 und 6000 Pakete je 10 Minuten.

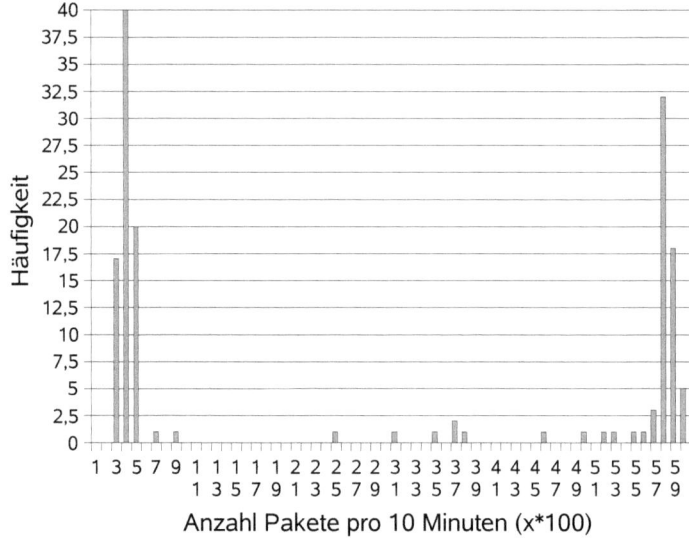

Abb. 5.1: Verteilung des Datenaufkommens am 23.03.2006

In der Simulation wurde nun per Pseudozufallszahl Generator je eine dieser Klassen ausgewählt, wobei die Wahrscheinlichkeit für die Auswahl einer bestimmten Klasse der relativen Häufigkeit dieser Klasse in der vorher angefertigten Auszählung entspricht. Für jede ausgewählte Klasse wurden für eine Minute Pakete mit der zugehörigen Dichte ausgesendet, danach wurde eine neue Klasse per Zufallszahl bestimmt.

Abbildung 5.2 zeigt die verschiedenen im Test verwendeten Generatoren. Jeder Punkt im Diagramm stellt dabei ein versendetes Paket dar.

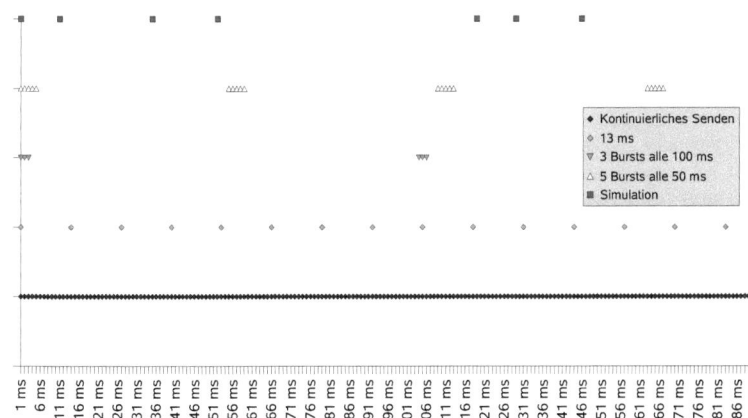

Abb. 5.2: Die verschiedenen Generatoren für Datenaufkommen

5.3) Zugriff per LAN

Wie oben bereits beschrieben wird für den Fall, dass per LAN auf das Gateway zugegriffen wird, eine sehr niedrige Fehlerrate erwartet. Um dies zu verifizieren wurden zwei verschiedene Testkonfigurationen aufgebaut. Neben der direkten Verbindung zwischen dem Router mit dem Traffic Generator (siehe Abbildung 5.3) und jenem mit dem Empfänger wurde außerdem ein zweiter Aufbau gewählt, bei dem beide Geräte ohne direkte Verbindung an verschiedenen Routern in das Netzwerk am TecO integriert wurden (Abbildung 5.4).

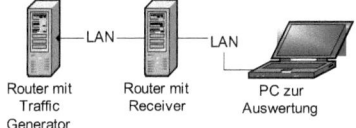

Abb. 5.3: Testaufbau mit direkter Verbindung zwischen den beteiligten Geräten

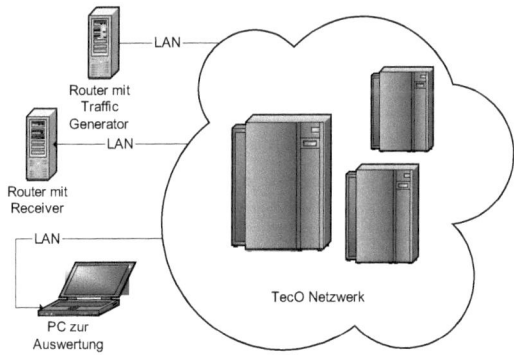

Abb. 5.4: Testaufbau mit Verbindungen über das TecO-Netzwerk

Während die Messungen bei direkter Verbindung zwischen den Geräten und einem pausenlos per UDP sendenden Traffic Generator absolut fehlerfrei liefen, gab es bei den Messungen im TecO Netz mit dem gleichen Traffic Generator zwei von zehn Testreihen, in denen einzelne Paketverluste aufgetreten sind. Die in diesen beiden Versuchen aufgetretenen Fehlerraten lagen jedoch auch nur bei sehr kleinen 0,66% bzw. 0,04%. Im Durchschnitt aller 10 Versuche gab es somit eine Fehlerrate von 0,07%. In Anbetracht dieser kleinen Fehlerrate bei einem an die Systemgrenze ausgelasteten System darf der kabelgebundene Versand von Daten als unproblematisch angesehen werden. Auf einen Test mit einem Aufbau der aus LAN und WLAN kombiniert wird wurde daher verzichtet, da hier zweifelsohne einzig der WLAN-Teil die Belastungsgrenze des Systems bestimmen würde.

5.4) Direkter WLAN-Zugriff

Für den ersten Test bei der Übertragung über WLAN wurde ein Aufbau gewählt, der dem ersten Testaufbau bei der kabelgebundenen Übertragung sehr ähnlich war. Der einzige Unterschied im Aufbau war, dass die Verbindung zwischen den beiden Routern über Funk statt über Kabel realisiert wurde. Abbildung 5.5 zeigt den entsprechenden Aufbau.

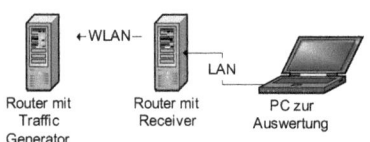

Abb. 5.5: Testaufbau bei direkter WLAN-Übertragung

Die Zuverlässigkeit der direkten WLAN-Verbindung beim Senden der Datenpakete per ungesicherter UDP-Verbindung erwies sich im Test als sehr schwankend. Gab es bei manchen Messungen keine nennenswerten Probleme und selbst beim pausenlosen Senden lediglich Fehlerraten von 0,65%, so stieg diese bei anderen Versuchen deutlich auf bis zu 35% an. Im Durchschnitt ergab sich bei den Messungen mit pausenlosem senden über UDP eine Fehlerrate von 12,14%, was für viele Anwendungen als deutlich zu hoch gewertet werden darf.

Um auch bei WLAN-Verbindungen eine zuverlässige Datenübertragung zu ermöglichen, wurde während der Implementierung der Tunnel geschaffen. Die erste Erkenntnis beim Test mit dem Tunnel: Beim pausenlosen Senden wird der Tunnel vehement überlastet, von einer zuverlässigen Datenübertragung kann in diesem Test nicht gesprochen werden. Während der Tunnel die Datenpakete bei sehr kleinen Blöcken (bis ca. 100 Pakete) noch puffern konnte, sank die Zuverlässigkeit bei deutlich größeren Blöcken auf unter 10%, was unter anderem durch vom TCP-Protokoll verursachte Verzögerungen zu erklären ist.

Wie in 5.1 beschrieben, senden die Particles in einem synchronisierten Protokoll nur alle 13ms. Dies ist folglich auch die maximale Datenrate, die über den Tunnel übertragen werden muß. Der letzte Test wurde daher mit dem Traffic Generator wiederholt, der regelmäßig alle 13ms Particle Pakete versendet. Das Resultat dieses Tests fällt besser aus als im vorhergehenden Versuch. Die Hälfte der Meßreihen verlief komplett ohne Paketverluste, im Durchschnitt gingen 3,29% der Pakete verloren, wobei ein Versuch mit 12,44% Paketverlusten den Durchschnitt alleine um über 1% beeinflusst hat.

Um den Einfluß einer USBBridge incl. der zugehörigen Software auf dem Router herauszufinden, wurde zum Vergleich je eine Meßreihe mit aktiver USBBridge am sendenden Router und eine Meßreihe ohne aktive USBBridge durchgeführt. Ein messbarer Einfluß der laufenden USBBridge auf die Fehlerrate war dabei nicht feststellbar.

Um das Verhalten bei Bursts von Datenpaketen zu testen, wurden mehrere Testreihen durchgeführt, bei denen zum einen die Timeouts zwischen den Bursts variiert wurden und zum anderen die Anzahl der Datenpakete pro Burst. Feststellbar war dabei, dass die Fehlerrate dabei mit der Länge der Bursts zunimmt. Genauso steigt die Fehlerrate mit kürzeren Timeouts zwischen den Bursts an. Abbildung 5.6 zeigt das Verhalten der Fehlerrate in Abhängigkeit von der Länge der Bursts und der Timeouts.

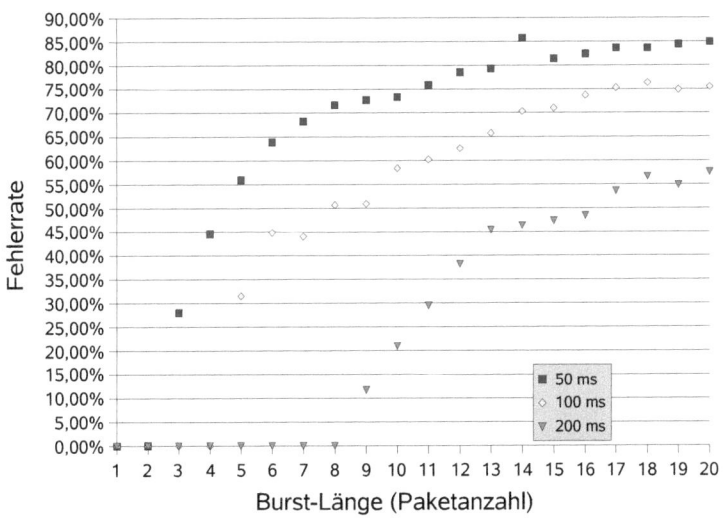

Abb. 5.6: Fehlerrate in Abhängigkeit von Burst-Länge und der Pausen zwischen den Bursts

Abschließend kam für den Aufbau mit Particle Tunnel und der direkten WLAN-Verbindung erstmals die zuvor beschriebene Simulation zum Einsatz. Dabei wurden in allen 10 Simulationsläufen 100% der ausgesendeten Daten empfangen, es trat kein einziger Paketverlust auf.

Um jedoch auch einen Eindruck zu erhalten, in wie weit das System in dieser Simulation zwar noch fehlerfrei läuft, aber evtl. doch schon in den Bereich der Leistungsgrenze gelangt, wurden zwei weitere Simulationen mit deutlich verschärften Bedingungen durchgeführt. Im ersten Fall wurden die Timeouts, also die sich aus der Simulation ergebenden Wartezeiten zwischen zwei gesendeten Paketen, auf 20% der durch die Simulation ausgewählten Timeouts gesetzt, im zweiten auf 10%. Während das System selbst bei den auf ein fünftel herabgesetzten Zwischenzeiten noch absolut zuverlässig lief, gab es bei den auf 10% reduzierten Timeouts teilweise deutliche Ausfälle. In den 10 Simulationsläufen schwankten die Ausfälle zwischen 0% und 34,43%, der Durchschnitt lag bei 13,19%.

Wie in Abbildung 5.1 ersichtlich ist, schwanken die Klassen der Verteilungsfunktion sehr stark zwischen 300 und 6000 Paketen in 10 Minuten. Erkennbar im Test mit den auf 10% reduzierten Timeouts ist eine deutliche Korrelation zwischen der Gesamtzahl der in einem Simulationsdurchgang versendeten Pakete sowie deren zeitlicher Aufteilung auf der einen und der Fehlerrate auf der anderen Seite.

Der letzte Test hat somit gezeigt, dass ein fehlerfreier Betrieb des Gateways auch dann noch möglich ist, wenn die Datenrate fünffach so hoch ist wie die aus der Particle Datenbank entnommenen Paketraten.

Abschließend eine Zusammenfassung der erzielten Meßergebnisse in den verschiedenen Konfigurationen in tabellarischer Form:

Traffic Generator	TCP/ UDP	Ø Fehler	kleinster Fehler	größter Fehler	Ø Schwankungsbereich[1]
Pausenloses Senden	UDP	10,98%	0,49%	34,77%	0,06% - 21,90%
Pausenloses Senden	TCP	75,42%	14,00%	99,50%	38,67% - 100%
Gleichmäßiges Senden alle 13ms	UDP	5,02%	2,92%	6,96%	3,57% - 6,47%
Gleichmäßiges Senden alle 13ms	TCP	3,29%	0,00%	12,44%	0,00% - 7,56%
Simulation 23.3.2006	TCP	0,00%	0,00%	0,00%	0,00% - 0,00%
Simulation 23.3., 20% Timeouts	TCP	0,00%	0,00%	0,00%	0,00% - 0,00%
Simulation 23.3., 10% Timeouts	TCP	13,19%	0,00%	34,43%	0,13% - 26,24%

Tabelle 5.1: Zusammenfassung der Meßergebnisse beim direkten WLAN-Zugriff
Die Angaben stellen jeweils den Durchschnitt über mehrere Meßreihen dar.

5.5) Zugriff über Mesh-Netzwerk

Beim Zugriff über ein Mesh-Netzwerk ist es nötig, dass die Daten wie in 4.5 beschrieben über ein Routing-Protokoll weitergeleitet werden. Da das zum Einsatz kommende OLSR lediglich gerichtete TCP-Pakete und keine UDP-Broadcasts weiterleitet, muss dabei der Particle Tunnel zum Einsatz kommen. Nach dem in 5.3 festgestellten Verhalten des Tunnels bei ununterbrochen gesendeten Paketen wird auf einen entsprechenden Test verzichtet. Stattdessen wird lediglich der Traffic Generator der in der maximalen Particle Datenrate sendet sowie die Simulation getestet.

Aufgebaut wurde für diesen Test das in Abbildung 5.7 skizzierte Mesh-Netzwerk aus Routern, die im TecO verteilt wurden und einem weiteren Router, der im dritten Obergeschoß der Technologiefabrik am Fenster aufgestellt wurde. Der Traffic Generator wurde auf dem Router in der Technologiefabrik gestartet, empfangen wurden die Daten am weitesten entfernten Router, der im Poolraum des TecO aufgestellt wurde. Zur Überbrückung der Distanz war mindestens ein dazwischen aufgebauter Router nötig, teilweise musste bei schlechter Verbindungsqualität ein weiterer Router in die Route aufgenommen werden.

Zu beobachten war anhand der Ausgabe von OLSR, dass OLSR die Route je nach aktueller Verbindungsqualität automatisch zwischen möglichst wenig Hops und mehr Hops über

---

1: *Der Durchschnittliche Schwankungsbereich ergibt sich aus dem durchschnittlichen Fehler plus bzw. minus der Standardabweichung, wobei 0,00% den kleinstmöglichen und 100% den größtmöglichen Wert darstellen.*

kürzere Distanzen umgeschaltet hat. Dies geschah automatisch während der laufenden Datenübertragung. Die Wahl von OLSR als Routingprotokoll mit integrierter Qualitätssicherung der Verbindung hat sich demzufolge wie in 4.5 erhofft positiv ausgezahlt.

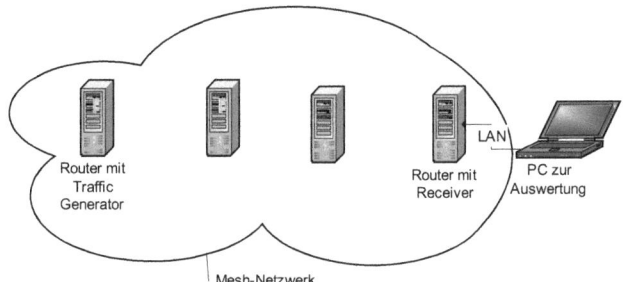

Abb. 5.7: Aufbau des Mesh-Netzwerkes für den letzten Test.

Der Test mit dem den maximal möglichen Particle Traffic simulierenden Traffic Generator lieferte sehr hohe Fehlerraten als Ergebnis. Im besten Versuch kamen von 10.000 gesendeten Particle Paketen 7.387 beim empfangenden Router an, was einer Fehlerrate von 26,13% entspricht. In der schlechtesten der 10 Meßreihen lag die Fehlerrate bei extrem hohen 73,66%. Auffällig war über die gesamten 10 Versuche hinweg ein starkes schwanken der Fehlerrate. Der Durchschnitt der Messungen lag am Ende bei 43,67%, die Standardabweichung 15,56%.

Ein ähnliches Bild ergab sich bei der Simulation. Hier war, im Gegensatz zum Versuch in 5.3, keine Korrelation mehr zwischen Datenrate und Paketverlusten feststellbar. Stattdessen schwankte die Fehlerrate zwischen den Versuchen selbst bei gleicher Initialisierung des Pseudozufallsgenerators um ca. 20%. Im Durchschnitt lag die Fehlerquote in der Simulation bei 6,11%, die Varianz bei 0,85.

Traffic Generator	TCP/ UDP	Ø Fehler	kleinster Fehler	größter Fehler	Ø Schwankungsbereich
Gleichmäßiges Senden alle 13ms	TCP	43,67%	26,13%	73,66%	28,09% - 59,25%
Simulation 23.3.2006	TCP	6,11%	0,00%	21,96%	0,00% - 14,39%

Tabelle 5.2: Zusammenfassung der Meßergebnisse im Mesh-Netzwerk
Die Angaben stellen jeweils den Durchschnitt über mehrere Meßreihen dar.

6) Anwendungen

Im Rahmen der Studienarbeit wurde das neue Gateway nicht nur auf seine Leistungsfähigkeit getestet. Zusätzlich wurde das Gateway auch verwendet, um mehrere praktische Anwendungen zu testen.

6.1) XBridge

Die erste praktische Anwendung, in der das neue Gateway eingesetzt wurde, war der Einsatz als Ersatz für eine XBridge. Das Gateway wurde dazu für den Standalone-Einsatz in einem DHCP-Netzwerk konfiguriert (Vgl. Anhang A). Nach dem anschließenden Neustart des Systems fungierte das Gateway mehrere Tage am Stück problemlos als Ersatz für eine XBridge.

6.2) Büroüberwachung über Mesh-Netzwerk

Für eine Anwendung mit einem Mesh-Netzwerk wurde das schon im Test verwendete Mesh-Netzwerk reaktiviert (vgl. Abschnitt 5.5). Der Aufbau wurde so erweitert, dass der Router im Büro der Particle Computer GmbH mit einer USBBridge ausgerüstet wurde, außerdem wurden im Büro Particles ausgelegt.

Die vom Router im Büro der Particle Computer GmbH eingefangenen Daten der ausgelegten Particles wurden über das Mesh-Netzwerk über eine Strecke von ca. 80 Meter zum TecO weitergeleitet und dort auf einem PC lokal in einer Datenbank aufgezeichnet.

Abb. 6.1: Verbindung des TecOs mit der Particle Computer GmbH über eine WLAN-Verbindung

Die Aufzeichnung der Daten über das Mesh Netzwerk lief über mehrere Tage hinweg stabil und ohne Unterbrechung der Verbindung.

6.3) Heimüberwachung

Um die Zusammenschaltung mehrerer Netzwerke zu testen, wurde eine über DSL eingerichtete Heimüberwachung realisiert. Ein Gateway wurde dazu, entsprechend konfiguriert, an einen privaten DSL-Anschluß angeschlossen. Nachdem der Router gebootet wurde, wurde automatisch eine gesicherte Verbindung zu einem Rechner am TecO über den Particle Tunnel aufgebaut.

Auf diesem Rechner wurden nun über mehrere Tage hinweg die in der Wohnung erfassten Particle Daten aufgezeichnet. Als Problem stellte sich dabei heraus, dass die DSL-Verbindung vom Provider einmal täglich getrennt wurde. Es war daher nötig, den Abbruch der Verbindung innerhalb des Tunnelprogramms zu erkennen und die Verbindung danach automatisch neu zu starten.

7) Zusammenfassung und Ausblick

Ziel der Studienarbeit war es, durch eine Kombination von verteilten Sensorknoten, die mit sehr kleiner Funkstärke kommunizieren, und einer Wide-Area Kommunikationstechnik einen weiträumigeren Transport der Sensordaten ohne Kabelbindung zu ermöglichen.

Um dieses Ziel zu erreichen, wurde nach einer Analyse der zur Verfügung stehenden Techniken auf Basis eines WLAN-Routers ein neues Particle Gateway eingerichtet. Der Router wurde hierzu mit einer USBBridge kombiniert und mit der notwendigen Software ausgerüstet. Neben der Treibersoftware für die USBBridge waren dazu eine Software für das Routing innerhalb eines Mesh-Netzwerkes und ein Tunnel zur zielgerichteten Weiterleitung von Particle Paketen notwendig.

In den anschließenden Tests musste das System seine Leistungsfähigkeit unter Beweis stellen. Erfreulicherweise waren die im Rahmen der Tests erzielten Fehlerraten dabei sehr niedrig, so dass das neue Gateway problemlos im täglichen Einsatz verwendet werden kann. Um die Zuverlässigkeit im WLAN-Betrieb weiter zu verbessern bieten sich weitere Verbesserungen in Form von Richtantennen an, deren Auswirkungen auf die Zuverlässigkeit im Rahmen der Studienarbeit jedoch nicht genauer getestet wurde.

Für die Zukunft besteht die Möglichkeit, die Daten nicht nur vom Gateway aus weiterzuleiten sondern lokal zu protokollieren, beispielsweise auf einem USB Memory Stick. Des weiteren ist angedacht, das Gateway mit auf Peer-to-Peer Technologie basierenden Protokollen zu erweitern. Dies würde die Organisation des Netzwerkes deutlich erleichtern, da die Daten nicht mehr zu einem zentralen Tunnel-Server geleitet werden müssten.

Dank

Ein Dank geht an dieser Stelle an die Research Gruppe „Embedded Interaction" der Universität München für die bei der Umstellung der USBBridge Treibersoftware auf die libftdi geleistete Arbeit.

Literaturverzeichnis

[01] Jan Beutel, Oliver Kasten, Matthias Ringwald:
BTnodes - A Distributed Platform for Sensor Nodes
SenSys 2003, Los Angeles, November 5-7, 2003

[02] http://openwrt.org/ [Stand: 08.04.2006]

[03] http://oleg.wl500g.info/ [Stand: 08.04.2006]

[04] Iain Millar, Martin Beale, Bryan J. Donoghe, Kirk W. Lindstrom, Stuart Williams
The IrDA Standards for High Speed Infrared Communication
Agilent Technologies (HP), 27. Oktober 1999

[05] Requirements for Internet Hosts -- Communication Layers
RFC 1122
Oktober 1989

[06] http://www.particle-computer.de/index.php?article_id=16 [Stand: 15.04.2006]

[07] David B. Johnson, David A. Maltz, Yih-Chun Hu
The Dynamic Source Routing Protocol for Mobile Ad Hoc Networks
Internet Draft, Juli 2004

[08] Andreas Tønnesen
Implementing and extending the Optimized Link State Routing Protocol
University Of Oslo, August 2004

[09] Jason Hill
A Software Architecture Supporting Networked Sensors
U.C. Berkeley, December 2000

A) Konfigurationen des Gateways

Je nachdem in welchem der in Kapitel 3 beschriebenen Szenarien das Gateway eingesetzt werden soll, müssen diverse Parameter unterschiedlich konfiguriert werden. An dieser Stelle wird ein kurzer Überblick darüber gegeben, welche Einstellungen in den einzelnen Szenarien vorzunehmen sind. Mit dem in Anhang B beschriebenen Tool Setup_Router lassen sich die nachfolgend beschriebenen Konfigurationen automatisch einrichten.

A.1 Standalone Einsatz mit WLAN-Zugriff

Für den WLAN-Zugriff im Standalone Szenario müssen sowohl auf der Seite des Routers als auch der des Notebooks die IP-Adresse manuell festgelegt werden, beide Geräte müssen in den Ad-Hoc Modus geschaltet werden und es muss ein freier WLAN-Kanal ausgewählt werden. Bei den Tests im TecO hat sich gezeigt, dass besonders die Wahl des Kanals sehr wichtig ist. Bei den Versuchen gab es zeitweise größere Probleme beim Verbindungsaufbau, die sich durch eine Änderung des verwendeten WLAN Kanals beheben ließen.

Gegenüber einem direkten Anschluß einer USBBridge an das Notebook hat dieses Szenario den Vorteil, dass keine Softwareinstallation auf dem Notebook nötig ist. Somit lässt sich auch von Notebooks auf den Particle Traffic zugreifen, für deren Betriebssystem eine Umsetzung der Treibersoftware für die USBBridge nicht möglich ist. Des weiteren ist ein Zugriff per PDA oder ähnlicher Systeme möglich, die keine Anschlußmöglichkeiten für eine USBBridge haben oder die keinen USB Anschluß besitzen. Das Szenario ermöglicht es gerade bei der Installation eines Sensornetzes, über den direkten Zugriff auf das Gateway direkt vor Ort die Funktionalität des Systems zu prüfen.

Konfiguration Router	Konfiguration Notebook
IP Adresse festlegen	IP Adresse festlegen
WLAN Kanal festlegen	WLAN Kanal festlegen
Ad-Hoc Modus	Ad-Hoc Modus

Tabelle 5.1: Nötige Konfigurationsschritte für Szenario 1

5.2) Standalone Einsatz mit Zugriff per LAN

Das zweite Szenario stellt installationstechnisch eine Vereinfachung von Szenario 1 dar. Statt IP-Adresse, Ad-Hoc Modus und WLAN-Kanal muss hier lediglich die IP-Adresse sowohl des Routers als auch des Notebooks bzw. Computers eingestellt werden. Mehr Konfigurationsarbeit ist nicht notwendig.

Konfiguration Router	Konfiguration Notebook
IP Adresse festlegen	IP Adresse festlegen

Tabelle 5.2: Nötige Konfigurationsschritte für Szenario 2

A.3) Standalone Einsatz im Netzwerk, Datensenke im gleichen Netz

Als mögliche Ersatzlösung für die XBridge muss das neue Gateway das dritte Szenario abdecken. Die Verbindung vom Gateway zum Zielrechner wird dabei im Gegensatz zu den ersten beiden Szenarien nicht direkt hergestellt sondern erfolgt indirekt über eine vorhandene Netzwerkinstallation, an die sowohl das Gateway als auch der Zielrechnern angeschlossen werden.

Die Konfiguration für den Netzwerk-Modus ist denkbar einfach. Sowohl der Router als auch der Zielrechner müssen so eingestellt werden, dass sie ihre Netzwerkkonfiguration von einem DHCP-Server beziehen, der Router daraufhin ggf. neu gestartet werden. Diese einfache Konfiguration ist auch dahingehend wichtig, da der Router in diesem Betriebsmodus exakt die Funktionalität der XBridge übernimmt, der später vermutlich einen relativ hohen Anteil an der Tatsächlichen Nutzung des Gateways einnehmen wird und daher möglichst einfach zu handhaben sein sollte.

Konfiguration Router	Konfiguration Ziel-PC
DHCP aktivieren und Router neu booten	DHCP aktivieren

Tabelle 5.3: Nötige Konfigurationsschritte für Szenario 3

A.4) Standalone Einsatz im Netzwerk, Datensenke in fremdem Netz

Ebenso wie im letzten Szenario werden auch hier sowohl der Zielrechner als auch der Router per DHCP konfiguriert. Da sich Router und Zielrechner in verschiedenen Netzwerken befinden, reicht es jedoch nicht mehr, die Daten per UDP-Broadcast zu versenden. Stattdessen muss unbedingt der Particle Tunnel verwendet werden, um die Daten zwischen den beiden Netzwerken zu transportieren. Beachtet werden muss hierbei, dass beim Start des Tunnel Clients, der auf dem Router laufen wird, der Tunnel Server bereits laufen muss und die IP-Adresse des Rechners, auf dem dieser läuft, bekannt sein muß, da diese dem Tunnel Client als Parameter übergeben werden muß.

Konfiguration Router	Konfiguration Ziel-PC
DHCP aktivieren und Router neu booten	DHCP aktivieren
Tunnel Client starten. IP des Ziel-PC muss bekannt sein.	Tunnel Server starten

Tabelle 5.4: Nötige Konfigurationsschritte für Szenario 4

A.5) Standalone Einsatz in unbekanntem Netzwerk

Für den Datentransport zwischen zwei unbekannten Netzwerken ist im Vergleich zum Netzwerk mit DHCP-Server deutlich mehr manuelle Konfigurationsarbeit notwendig. Sowohl in der Konfiguration des Routers als auch der des Zielrechners müssen jeweils eine zum Netzwerk, in dem das Gerät steht, passende IP-Adresse und Subnetzmaske eingetragen werden. Des weiteren muss unbedingt der Router, der die Außenanbindung des Netzwerkes darstellt, als default Gateway eingetragen werden, damit die Datenpakete zwischen den beiden Netzwerken ausgetauscht werden können.

Konfiguration Router	Konfiguration Ziel-PC
IP-Adresse und Subnetzmaske eintragen	IP-Adresse und Subnetzmaske eintragen
Default Gateway eintragen	Default Gateway eintragen
Tunnel Client starten. IP des Ziel-PC muss bekannt sein.	Tunnel Server starten

Tabelle 5.5: Nötige Konfigurationsschritte für Szenario 5

A.6) Datenquelle in einem Mesh Netzwerk, Zugriff per WLAN

Für die Bildung eines Mesh Netzwerkes muss das Netzwerkinterface des Routers genauso wie im ersten Szenario konfiguriert werden. Zu beachten ist dabei, dass jeder Teilnehmer des Mesh-Netzes (neben den Routern auch der Rechner der als Datensenke fungiert) eine unterschiedliche IP-Adresse bekommt. Sobald alle Geräte entsprechend konfiguriert sind, muss auf allen am Mesh Netzwerk teilnehmenden Geräten der OLSR Deamon gestartet werden. Abschließend muss auf dem Zielrechner der Tunnel Server gestartet werden, auf jedem Router, der als Particle Gateway fungieren soll muss der Tunnel Client gestartet werden.

Konfiguration Router	Konfiguration Notebook
IP Adresse festlegen	IP Adresse festlegen
WLAN Kanal festlegen	WLAN Kanal festlegen
Ad-Hoc Modus	Ad-Hoc Modus
OLSR Deamon starten	OLSR Deamon starten
Tunnel Client starten. IP des Ziel-PC muss bekannt sein.	Tunnel Server starten

Tabelle 5.6: Nötige Konfigurationsschritte für Szenario 6

A.7) Datenquelle in einem Mesh Netzwerk, Zugriff aus fremdem Netzwerk

Sollen die Daten aus dem Mesh Netzwerk zu einer Datensenke in einem fremden Netzwerk weitergeleitet werden, muss zusätzlich zu den Konfigurationsschritten im vorhergehenden Szenario zusätzlich auch das Gateway eingetragen werden, über welches die Verbindung zum fremden Netzwerk hergestellt werden kann.

Konfiguration Router	Konfiguration Notebook
IP Adresse festlegen	IP Adresse festlegen
WLAN Kanal festlegen	WLAN Kanal festlegen
Ad-Hoc Modus	Ad-Hoc Modus
Default Gateway eintragen	Default Gateway eintragen
OLSR Deamon starten	OLSR Deamon starten
Tunnel Client starten. IP des Ziel-PC muss bekannt sein.	Tunnel Server starten

Tabelle 5.6: Nötige Konfigurationsschritte für Szenario 6

A.8) Zusammenfassung

Abschließend eine Zusammenfassung der notwendigen Konfigurationsschritte in den einzelnen Szenarien in tabellarischer Form:

Szenario	Konfiguration Router	Konfiguration Ziel-PC
Standalone Einsatz mit WLAN-Zugriff	• IP Adresse festlegen • WLAN Kanal festlegen • Ad-Hoc Modus	• IP Adresse festlegen • WLAN Kanal festlegen • Ad-Hoc Modus
Standalone Einsatz mit Zugriff per LAN	• IP Adresse festlegen	• IP Adresse festlegen
Standalone Einsatz im Netzwerk, Datensenke im gleichen Netz	• DHCP aktivieren und Router neu booten	• DHCP aktivieren
Standalone Einsatz im Netzwerk, Datensenke in fremdem Netz	• DHCP aktivieren und Router neu booten • Tunnel Client starten. IP des Ziel-PC muss bekannt sein	• DHCP aktivieren • Tunnel Server starten.
Standalone Einsatz in unbekanntem Netzwerk	• IP-Adresse und Subnetzmaske eintragen • Default Gateway eintragen • Tunnel Client starten. IP des Ziel-PC muss bekannt sein	• IP-Adresse und Subnetzmaske eintragen • Default Gateway eintragen • Tunnel Server starten.
Datenquelle in einem Mesh Netzwerk, Zugriff per WLAN	• IP Adresse festlegen • WLAN Kanal festlegen • Ad-Hoc Modus • OLSR Deamon starten • Tunnel Client starten. IP des Ziel-PC muss bekannt sein	• IP Adresse festlegen • WLAN Kanal festlegen • Ad-Hoc Modus • OLSR Deamon starten • Tunnel Server starten.
Datenquelle in einem Mesh Netzwerk, Zugriff aus fremdem Netzwerk	• IP Adresse festlegen • WLAN Kanal festlegen • Ad-Hoc Modus • Default Gateway eintragen • OLSR Deamon starten • Tunnel Client starten. IP des Ziel-PC muss bekannt sein	• IP Adresse festlegen • WLAN Kanal festlegen • Ad-Hoc Modus • Default Gateway eintragen • OLSR Deamon starten • Tunnel Server starten.

Tabelle 5.8: Zusammenfassung der Konfigurationsschritte

B) Tools für den Betrieb des Gateways

Im Rahmen der Studienarbeit sind mehrere kleine Programme entstanden, die den Betrieb des Gateways nützlich sind. Diese Tools sollen an dieser Stelle kurz vorgestellt werden.

B.1) Find_Router

Sobald die Router im DHCP-Modus gestartet werden, muss es eine Möglichkeit geben, die IP-Adresse des Routers herauszufinden, um auf das Gerät zugreifen zu können. Zwar kann der Router auch ohne das seine IP-Adresse bekannt ist als Bridge fungieren und Datenpakete ins Netzwerk senden bzw. diese aus dem Netzwerk empfangen und an die Particles weiter senden, doch um das Gerät über das Netzwerk zu konfigurieren, ist es nötig, die aktuelle IP-Adresse des Routers zu kennen.

Um die IP-Adresse eines Routers herausfinden zu können wurde mit Find_Router ein kleiner Deamon geschrieben, der bei jedem Start des Routers geladen wird und auf Port 30.000 hört. Sobald der Deamon auf diesem Port eine Anfrage (beliebiges Particle-Paket) hört, sendet er auf Port 30.001 ein Paket zurück, dass neben der eigenen ID (die die IP-Adresse enthält) auch seine MAC-Adresse und – falls vorhanden – die Location-Informationen aus der Particle Bridge Konfiguration enthält. Über diese Informationen (die MAC-Adresse eines Routers ist auf einem Aufkleber auf dessen Gehäuse aufgedruckt) lässt sich auch bei mehreren Routern im Netzwerk jedem einzelnen sicher die aktuelle IP-Adresse zuordnen.

B.2) List_Routers

Als Gegenstück zu Find_Router wurde für den PC das Programm List_Routers geschrieben, welches auf Port 30.000 Pakete absendet, auf Port 30.001 die Antwortpakete der Deamons auf den erreichbaren Routern empfängt und danach die empfangenen Informationen formatiert auf dem Bildschirm ausgibt.

B.3) Setup_Router

Wie in Anhang A beschrieben muss der Router für die diversen Szenarien unterschiedlich konfiguriert werden. Neben Einstellungen, die über das Webinterface von OpenWRT möglich sind (IP-Adresse, Subnetzmaske und Default Gateway für den LAN- und WLAN-Port) müssen dabei auch Einstellungen vorgenommen werden, die nur über das manuelle Umsetzen von Systemvariablen möglich sind (IP-Adresse für den (W)LAN Port vom DHCP-Server beziehen). Außerdem müssen – je nach Szenario – das OLSR-Programm sowie der Particle Tunnel (mit individuell eingestellten Parametern) gestartet werden.

Um diese diversen Einstellungen möglichst komfortabel und ohne Vorwissen über Linux im allgemeinen oder das OpenWRT-System im speziellen vornehmen zu können, wurde das Programm Setup_Router entworfen. Der Benutzer führt dieses Programm am PC aus, kann dabei nach Programmstart eines der in Anhang A beschriebenen Szenarien auswählen und muss danach die Parameter (IP-Konfiguration falls kein DHCP-Server verwendet wird, Einstellungen zum Tunnel) eingeben, die in diesem Szenario benötigt werden.

Nachdem alle notwendigen Daten vom Benutzer eingegeben wurden generiert Setup_Router ein Shell Script, welches die notwendigen Einstellungen setzt und den Router abschließend neu startet damit alle Änderungen wirksam werden. Um das Script auf dem Router auszuführen kann dieses entweder per SSH auf den Router kopiert werden und dort manuell gestartet werden oder alternativ in das Hauptverzeichnis eines USB Sticks kopiert werden. Wird dieser Stick nun bei laufendem Router an den USB-Port des Routers angeschlossen, so wird das Script – ähnlich wie man es beim einlegen von CDs auf einem Windows Rechner kennt – automatisch ausgeführt.

B.4) Installationstools

Nachdem die OpenWRT Distribution auf den Router aufgespielt wurde müssen noch mehrere Programme auf den Router aufgespielt werden, Programmbibliotheken sowie USB-Treiber müssen installiert werden und einige Einstellungen in der Konfiguration sind vorzunehmen. Um den Benutzer hierbei zu entlasten wurde zum einen ein Hilfsprogramm geschrieben, welches über das Webinterface von OpenWRT automatisch diverse Einstellungen vornehmen kann, zum anderen wurde ein Script realisiert, welches den kompletten Installationsprozess automatisiert. Vorgesehen wurde dieses Script sowohl für den Asus wl-500g als auch den Asus wl-500g Deluxe. Wie bereits geschrieben lässt sich auch jeder andere OpenWRT fähige Router mit USB-Anschluß verwenden, das Installationsscript muss hierbei allerdings evtl. leicht angepasst werden was die verwendeten USB-Treiberpakete angeht.